QUADERNI CENNI

I SOLDATI ITALIANI CON NAPOLEONE 1796-1815

Acquarelli di Quinto Cenni dalla collezione di H. J. Vinkhuijzen

SOLDIERSHOP PUBLISHING

PUBLISHING'S NOTES
None of **unpublished** images or text of our book may be reproduced in any format without the expressed written permission of Soldiershop.com when not indicate as marked with license creative commons 3.0 or 4.0. Soldiershop Publishing has made every reasonable effort to locate, contact and acknowledge rights holders and to correctly apply terms and conditions to Content. In the event that any Content infringes your rights or the rights of any third parties, or Content is not properly identified or acknowledged we would like to hear from you so we may make any necessary alterations. In this event contact: info@soldiershop.com.
Our trademark: Soldiershop Publishing ©, The names of our series: Soldiers&Weapons, Battlefield, War in colour, PaperSoldiers, Soldiershop e-book etc. are herein © by Soldiershop.com.

NOTE ABOUT BOOK PRINTING BEFORE 1925
This book may contain text or images coming from a reproduction of a book published before 1925 (over seventy years ago). No effort has been made to modernize or standardize the spelling used in the original text, so this book may have occasional imperfections such as missing or blurred pages, poor pictures, errant marks, etc. that were either part of the original artifact, or were introduced by the scanning process. We believe this work is culturally important, and despite the imperfections, have elected to bring it back into print (digital and/or paper) as part of our continuing commitment to the preservation of printed works worldwide. We appreciate your understanding of the imperfections in the preservation process, and hope you enjoy this valuable book. Now this book is purpose re-built and is proof-read and re-type set from the original to provide an outstanding experience of reflowing text, also for an ebook reader. However Soldiershop publishing added, enriched, revised and overhauled the text, images, etc. of the cover and the book. Therefore, the job is now to all intents and purposes a derivative work, and the added, new and original parts of the book are the copyright of Soldiershop. On this second unpublished part of the book none of images or text may be reproduced in any format without the expressed written permission of Soldiershop. Almost many of the images of our books and prints are taken from original first edition prints or books that are no longer in copyright and are therefore public domain. We have been a specialized bookstore for a long time so we (and several friends antiquarian booksellers) have readily available a lot of ancient, historical and illustrated books not in copyright. Each of our prints, art designs or illustrations is either our own creation, or a fully digitally restoration by our computer artists, or non copyrighted images. All of our prints are "tagged" with a registered digital copyright. Soldiershop remains to disposition of the possible having right for all the doubtful sources images or not identifies.

LICENSES COMMONS
This book utilize may utilize material marked with license creative commons 3.0 or 4.0 (CC BY 4.0), (CC BY-ND 4.0), (CC BY-SA 4.0) or (CC0 1.0). We give appropriate attribution credit and indicate if change were made below in the acknowledgements field.
This book utilize only fonts licensed under the SIL Open Font License or other free use license.

ACKNOWLEDGEMENTS
A Special Thanks to the New York Public Library for their kindly permission to use several images of his collections used in the book.

Title: **I SOLDATI ITALIANI CON NAPOLEONE 1796-1815 - cod. QC017**
By Luca Stefano Cristini. Tavole a colori di Quinto Cenni.
First edition by Soldiershop March 2018
Cover & Art Design: Luca S. Cristini.
ISBN code: 978-88-93273268 codice e collana Soldiershop Quaderni Cenni (QC017)
Published by Soldiershop publishing, via Padre Davide, 7 - 24050 Zanica (BG) ITALY. www.soldiershop.com

I SOLDATI
ITALIANI CON
NAPOLEONE
1796-1815

QUADERNI CENNI

LA REPUBBLICA CISALPINA, CISPADANA E IL REGNO D'ITALIA.

Il 17 marzo 1861, al termine di quel lungo percorso storico noto col nome di Risorgimento che ebbe luogo fra gli anni 1821-1870 nacque finalmente il Regno d'Italia poi destinato a diventare la attuale Repubblica.
Tuttavia un primo seme di italianità, e non solo nella denominazione, si ebbe con la creazione, nel 1805, del Regno Italico, stato che a sua volta derivava dalle Repubbliche Cisalpina, Cispadana e altre, fiorite in quegli anni a seguito della Rivoluzione francese.
Il bilancio storico del ventennio napoleonico in Italia registrò gioie e dolori. Esso fu un periodo complesso che tuttavia concorse grandemente all'affermazione dello stato di diritto. Tutto questo grazie all'affermazione degli ideali rivoluzionari e, di fatto, tramite la legislazione pubblica voluta da Napoleone. Questa unione di fattori per prima instillò l'idea di una rinascita nazionale, partorita dall'unione di quel coacervo di regni e staterelli che allora componevano la penisola.
Anche l'adozione del primo tricolore, avvenuta il 7 gennaio 1797, agli albori di quel periodo rivoluzionario, consacrò ancor di più questa idea primigenia di Italia così come oggi la conosciamo.
Il periodo napoleonico, in sostanza, diede vita all'Italia moderna, internazionalmente riconosciuta come tale per la prima volta dai tempi dell'Impero romano.
Questa raccolta formidabile di figurini, in gran parte inediti nel panorama italiano, realizzati dal quel grande artista che fu Quinto Cenni è appunto dedicata ai soldati di quelle repubbliche sorelle della Francia Rivoluzionario per finire poi nel Regno Italico. Sono qui illustrate le uniformi di fanteria, cavalleria, dall'artiglieria a tutti gli altri corpi armati dello stato come le gyardie nazionali e le guardie civiche.
Schematicamente la serie di tavole è divisa in tre parti. La prima dedicata ad una serie di uniformi genericamente singole dedicate ai soldati italiani del periodo. La seconda in forma di tavole con molti soggetti raffigurati prende il nome di tavole dei governi provvisori dal nome scelto dall'artista. Infine il terzo gruppo in appendice è costituito da diciotto tavole di figurini originali disegnati presumibilmente negli anni del regno d'Italia e appartenuti allo stesso Quinto Cenni. Senore dell'artista imolese sono invece gli otto fogli vergati in bella calligrafia dedicati agli schemi e alle uniformi dei soldati delle repubbliche italiane del periodo.

◀ Regno d'Italia, 2° reggimento cacciatori a cavallo, schizzo di Quinto Cenni

LA REPUBBLICA CISPADANA (1796-1797)

Fra le prime repubbliche sorelle formate in Italia dalla sorella maggiore, la Repubblica francese, quella Cispadana, fu costituita nel 1796. Il suo territorio comprendeva buona parte dell'attuale Emilia-Romagna: Bologna, Ferrara, Modena e Reggio, città che l'intervento francese in Italia dell'Aprile 1796 capitanato da napoleone Bonaparte rese indipendenti dagli antichi governi posti sotto il controllo diretto o indiretto degli austriaci. La data di nascita ufficiale risale al 16 ottobre 1796, quando si tenne a Modena un congresso con i rappresentanti delle province di Modena e Reggio Emilia e delle ex legazioni pontificie di Ferrara e Bologna, che riunì le quattro città in quella che prese il nome di *Confederazione Cispadana*. Il successivo 23 dicembre nella vicina Reggio Emilia il congresso proclamò che le quattro province avrebbero formato la *Repubblica Cispadana* e invitò gli altri popoli italiani ad unirsi a loro. Venne formata una guardia civica, composta da cacciatori e artiglieri e il 7 gennaio venne per la prima volta anche adottato il tricolore composto di striscie rosse, bianche e verdi (quest'ultimo scelto per differenziarci dal blu francese da cui la bandiera derivava) ancora oggi in vigore. Grazie al successivo trattato di Tolentino del maggio 1797 a questi si aggiunse la parte restante della Romagna e successivamente la Garfagnana, Massa e Carrara. La sua Costituzione, modellata su quella francese del 1795, fu pubblicata nel 1797. Pochi mesi dopo, per volontà dello stesso Napoleone, si fuse con la Repubblica Traspadana dando vita al progetto che portò alla nascita della Repubblica Cisalpina.

La **REPUBBLICA TRANSPADANA** fu invece un'istituzione del generale Napoleone Bonaparte in reggenza dello Stato di Milano. Con la vittoria di Napoleone nella battaglia di Lodi il 10 maggio 1796, le truppe francesi avevano occupato i territori sotto il dominio austriaco, e fra essi lo Stato di Milano. Mentre si costituiva a sud del Po la Repubblica Cispadana, il 19 maggio nel milanese e in Lombardia fu proclamata la nuova repubblica. Fu introdotto il calendario rivoluzionario francese, all'epoca giunto all'anno IV, e il 22 pratile fu abolita la nobiltà. Il 2 fruttidoro fu creata la Guardia nazionale che, per distinguersi da quella francese, portava il colore verde al posto del blu nella sua coccarda. La primavera successiva anche Brescia, Bergamo e Crema, città dipendenti da Venezia, si Napoleone Bonaparte Il 19 maggio 1797 ordinò che Repubblica Cispadana portasse avanti le procedure necessarie per aggregarsi alla Repubblica Cisalpina proclamata dal generale il successivo 30 giugno la cui Costituzione fu emanata l'8 luglio seguente. Infine il 27 luglio 1797, il Direttorio della Repubblica Cisalpina annunciò di avere accolto con decorrenza immediata la richiesta di annessione del resto della Repubblica Cispadana, che così si sciolse. Finalmente L'8 luglio 1797 dall'unione delle due precedenti repubbliche Cispadana e Transpadana nacque la Repubblica Cisalpina.

▲ Repubblica Cispadana: la prima bandiera italiana

LA REPUBBLICA CISALPINA (1797-1802)

Nata dall'unione delle due repubbliche sopra citate sarà poi destinata a mutare il proprio nome in Repubblica Italiana (1802-1805) e quindi Regno d'Italia (1805-1814). Questa repubblica era inizialmente composta dei territori del Ducato di Milano, del Ducato di Mantova, della Valtellina e del bergamasco e del bresciano, in precedenza domini di terraferma veneziani. Successivamente come sdetto si aggiunse la Repubblica Cispadana. L'Austria a seguito del Trattato di Campoformio del 17 ottobre 1797 riconobbe formalmente la Repubblica Cisalpina e con esso sancì il passaggio della Repubblica Veneta dalla Francia all'Austria, eccetto per le numerose isole ioniche che formavano parte dello Stato da Mar, mettendo così fine con un tratto di penna alla lunga storia secolare di Venezia.

▲ Francesco Melzi d'Eril

La capitale della Repubblica Cisalpina fu stabilita a Milano. Lo Stato nel 1797 si estendeva su una superficie di quasi 50.000 km² ed aveva una popolazione di oltre 3 milioni di abitanti, suddivisa in 20 dipartimenti. Il paese era economicamente prospero, malgrado le spoliazioni dei secoli passati operate dagli occupanti, e si basava su un'agricoltura di tipo cerealicolo con forti presenze nella sericoltura e nella zootecnica, l'attività artigianale tradizionale e industriale era sufficientemente solida.

La forma istituzionale dello Stato adottata era del tipo francese. Il territorio venne diviso in dipartimenti gestiti da un'Amministrazione centrale detta direttorio. Il Direttorio era formato da cinque ministri e rappresentava il potere esecutivo. L'autorità suprema rimaneva comunque il comandante delle truppe francesi in Lombardia. A capo del Direttorio furono posti uomini politici locali come il duca Gian Galeazzo Serbelloni e Francesco Melzi d'Eril, mentre nel corpo legislativo vennero nominati personaggi noti come i letterati Pietro Verri e Giuseppe Parini e scienziati come Alessandro Volta. Nella repubblica venne anche adottato il calendario e l'era francese.

RAPPORTI CON LA SVIZZERA

I rapporti con la Svizzera (allora trasformata nella Repubblica elvetica e per certi versi privata della sua storica autonomia) furono complicati dalle pretese egemoniche della Repubblica Cisalpina, rivolte a unire in un solo stato persone con la stessa cultura e la stessa lingua. Quindi l'obiettivo era quello di annettersi ed unirsi ai territori svizzeri di lingua italiana posti a sud delle Alpi. Ciò portò alla conquista e all'annessione della Valtellina. Fu tentata la stessa cosa anche nei confronti di Lugano e del mendrisiotto che però non ebbero successo.

TRATTATO DI ALLEANZA CON I FRANCESI

Formalmente la Repubblica Cisalpina era uno stato indipendente alleato della Francia, ma il trattato di alleanza di fatto altro non era che una sudditanza della neo-repubblica a quella francese. La Francia infatti gestiva e manteneva il controllo militare e della polizia grazie ad un presidio di venticinquemila uomini mantenuti però a spese della repubblica stessa Tuttavia la repubblica poté anche formare, equipaggiare e mantenere una sua forza armata italiana di trentamila uomini che avrebbe partecipato alle campagne napoleoniche.

LA REPUBBLICA ITALIANA (1802-1805)

La Repubblica venne quindi sciolta nell'estate del 1799 a seguito alle sconfitte patite dalla Francia in specie ad opera degli eserciti austro-russi. La crisi durata alcuni anni portò infine nel gennaio del 1802 alla nascita della Repubblica Italiana con capitale Milano e Napoleone presidente. Francesco Melzi d'Eril fu, invece, nominato vicepresidente.

L'obiettivo non celato della nuova repubblica era quello di ottenere la piena indipendenza e nutrire il progetto di unire tutta la penisola italiana in un unico stato. Tuttavia questo progetto rimase nel cassetto perché tre anni dopo a seguito anche della nascita dell'Impero francese, la **Repubblica Italiana**, cessò di esistere il 18 marzo 1805, quando Napoleone proclamò il **Regno d'Italia** incoronando se stesso a Milano con la Corona Ferrea.

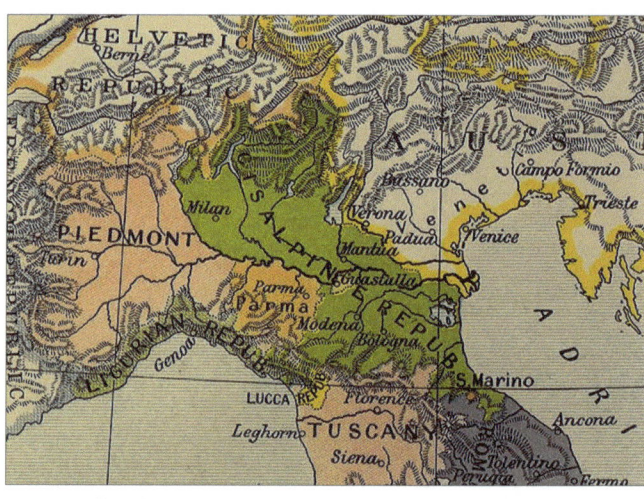

▲ I confini della repubblica Cisalpina poi italiana.

La Repubblica Italiana nel corso dei suoi tre anni di vita conservò la suddivisione in 12 dipartimenti della Repubblica Cisalpina, stabilita il 13 maggio 1801:

Dipartimento dell'Agogna (capoluogo: Novara)
Dipartimento dell'Alto Po (capoluogo: Cremona)
Dipartimento del Basso Po (capoluogo: Ferrara)
Dipartimento del Crostolo (capoluogo: Reggio)
Dipartimento del Lario (capoluogo: Como)
Dipartimento del Mella (capoluogo: Brescia)
Dipartimento del Mincio (capoluogo: Mantova)
Dipartimento d'Olona (capoluogo: Milano)
Dipartimento del Panaro (capoluogo: Modena)
Dipartimento del Reno (capoluogo: Bologna)
Dipartimento del Rubicone (capoluogo: Forlì)
Dipartimento del Serio (capoluogo: Bergamo)

IL REGNO ITALICO (1805-1814)

Il 18 marzo 1805, sulle ceneri della precedente Repubblica Italiana, fu creato il Regno d'Italia. Solo l'anno prima, in una solenne cerimonia tenutasi nella splendida cornice di *Notre Dame*, Napoleone Bonaparte si era fatto proclamare Imperatore dei francesi alla presenza di Papa Pio VII. Ora si auto-nominava Re d'Italia dando vita ufficialmente al Regno omonimo. L'incoronazione avvenne il 26 maggio 1805 nel Duomo di Milano.

▲ 26 gennaio 1802, *La Consulta della Repubblica Cisalpina riceve il Primo Console* (Nicolas-André Monsiau, 1806-08).

Per la solenne cerimonia fu scelta addirittura la leggendaria corona ferrea dei sovrani longobardi che il generale corso, ripetendo il gesto di Parigi, personalmente si pose sul capo. In qualità di Viceré d'Italia fu nominato il fedele Eugéne de Beauharnais (figlio di prime nozze della moglie di Napoleone, Giuseppina), di cui il Bonaparte si fidava ciecamente e dal quale era sicuro di non dovere temere trame politiche personali.

Il Viceré Eugenio stabilì la propria residenza a Monza.

Come capitale del regno fu scelta Milano, già allora importante e industriosa città europea. La forma di governo era una Monarchia costituzionale direttamente dipendente dall'Impero francese, una forma di vassallaggio simile a quella riservata a molti altri stati europei in quel periodo.

Regni, principati o ducati, quasi tutti erano governati da parenti o affini dell'Imperatore. Geograficamente il Regno d'Italia muterà diverse volte nel corso del suo travagliato decennio di vita, principalmente a causa dell'instabilità delle sue frontiere.

Nel periodo di massima estensione giunse a comprendere tutte le regioni del nord est, Trentino compreso, buona parte dell'Emilia, la Romagna, le Marche, l'Istria e la Dalmazia e per finire la parte nord della Toscana (Massa, Carrara e la Garfagnana) che permise al Regno di avere uno sbocco anche sul mar Tirreno.

Nel 1806 questi ultimi territori furono ceduti al Principato di Lucca e Piombino, sul cui trono sedeva Elisa, sorella di Napoleone.

La successiva formazione delle province illiriche nel 1809 priverà poi il Regno degli antichi possedimenti di Venezia, vale a dire Trieste, Gorizia, Istria e Dalmazia (compresa la Repubblica di Ragusa). Il Regno è giuridicamente suddiviso in 24 dipartimenti. Nel 1809 l'area occupata è di quasi 76.000 chilometri quadrati (circa un quarto dell' attuale dimensione italiana). I suoi abitanti, sempre nello stesso anno, risultano essere poco meno di sette milioni.

Nel complesso i lombardi e i veneti aderiscono con entusiasmo alla nascita di questo nuovo stato; meno convinte invece le popolazioni poste più a sud.

Nel 1806 i territori del Regno d'Italia furono suddivisi in sei Divisioni Territoriali Militari con comando a Milano, Brescia, Mantova, Ancona, Venezia e Bologna, mentre I 24 dipartimenti (provincie) erano I seguenti: Adda, capoluogo: Sondrio. Adige, capoluogo: Verona. Adriatico, capoluogo: Venezia. Agogna, capoluogo: Novara. Alto Adige, capoluogo: Trento. Alto Po, capoluogo: Cremona. Bacchiglione, capoluogo: Vicenza. Basso Po, capoluogo: Ferrara. Brenta, capoluogo: Padova. Crostolo, capoluogo: Reggio nell'Emilia. Lario, capoluogo: Como. Mella, capoluogo: Brescia. Metauro, capoluogo: Ancona. Mincio, capoluogo: Mantova. Musone, capoluogo: Macerata. Olona, capoluogo: Milano. Panaro, capoluogo: Modena. Passariano, capoluogo: Udine. Piave, capoluogo: Belluno. Reno, capoluogo: Bologna. Rubicone, capoluogo: Forlì. Serio, capoluogo: Bergamo. Tagliamento, capoluogo: Treviso. Tronto, capoluogo: Fermo.

L'IMPEGNO MILITARE DEI SOLDATI ITALIANI

Verso la fine del 1807 l'imperatore Napoleone pianifica l'invasione del Portogallo, reo di ospitare e aiutare l'odiato nemico inglese.

A tale scopo stanzia nella Spagna di suo fratello Giuseppe un esercito di oltre 100.000 uomini. Tra questi molti sono "italiani": toscani, piemontesi, liguri, ma soprattutto si tratta di contingenti del Regno d'Italia. La guerra di Spagna rappresenta così il primo vero impegno militare del giovanissimo stato. Esso costituirà anche un terreno fertile e un primo banco di prova per lo sviluppo e la diffusione degli ideali risorgimentali. Il conflitto durerà lunghi anni, dal 1807 al 1813, anno del definitivo ritiro dalla penisola iberica. Gli italiani combattono con eroismo a Mulins del Rey, Girona, Valls, Sagunto e Tarragona.

Nel 1812 ha invece inizio l'avventura russa: insieme alla *Grande Armée*, l'enorme esercito di 700.000 uomini messo insieme da Napoleone per dare una lezione allo Zar Alessandro, vi sono diverse decine di migliaia di soldati italiani.

Fra essi 30.000 rappresentano il contingente del Regno d'Italia, altri 25.000 sono il contributo napoletano. La qualità degli uomini della *Grande Armée* impegnata in Russia passava dall' *eccellente ed eccezionale* degli uomini della Guardia imperiale e dei veterani di linea, al *buono e discreto* dei soldati del Regno d'Italia e dei contingenti polacchi e svizzeri, al *sufficiente e scarso* di tutti gli altri: tedeschi, olandesi e le ultime reclute francesi. Molti dei soldati della *Grande Armée*, soprattutto austriaci e prussiani, erano lì controvoglia, pronti a tradire da un momento all'altro se i francesi fossero stati sconfitti duramente sul campo. Gli italiani, per contro, rappresentavano invece i migliori alleati di Napoleone. Ai primi di dicembre del 1812 Napoleone fu costretto a fare un rapido rientro in patria a seguito delle notizie di un tentativo di colpo di stato da parte di ufficiali filo-realisti.

Il comando di ciò che rimaneva dell'armata fu affidato a Gioacchino Murat, re di Napoli e cognato di Napoleone. Lo stesso Murat tuttavia, a sua volta preoccupato delle sorti del suo regno, partì per

Napoli e lasciò il comando delle truppe ad Eugéne de Beauharnais, già comandante delle truppe italiane. Nelle settimane seguenti, il poco che rimaneva della *Grande Armée* si ridusse ulteriormente e il 14 dicembre 1812 i soldati francesi lasciarono definitivamente il territorio russo. Solo alcune decine di migliaia di soldati fecero ritorno da questa immane carneficina.

Le sole perdite di militari italiani ammontavano a circa 50.000 uomini. Il contingente italiano inviato in Russia, che faceva parte del IV° Corpo d'Armata al comando del viceré del Regno d'Italia Eugéne de Beauharnais, si distinse particolarmente nelle battaglie di Smolensk e di Borodino. L'impegno degli italiani nelle campagne napoleoniche fu spesso riconosciuto anche dagli avversari, oltre che dall'Imperatore in persona, nonostante il diffuso fenomeno dei renitenti e dei disertori che ebbe luogo nel corso di tutta la storia di tale esercito.

IL REGNO ITALICO DOPO LIPSIA

Il Regno d'Italia seguì in tutto le vicissitudini del suo potente alleato. Ma Napoleone, con la sconfitta di Lipsia, dopo la breve campagna di Francia andò incontro al primo rovescio e al primo esilio elbano.

Di conseguenza, rimasto senza il forte protettore, anche il Regno d'Italia cessò di esistere, ufficialmente il 6 aprile 1814. Uno sconfitto Napoleone si disse pronto ad abdicare, cosa che avvenne ufficialmente l'11 aprile.

Il giorno 16 dello stesso mese il viceré Eugenio de Beauharnais stipulò a sua volta un armistizio con il feldmaresciallo austriaco Bellegarde, nonostante avesse conseguito una brillante vittoria sugli austriaci dello stesso Bellegarde nella battaglia del Mincio l'8 febbraio, con l'esercito del Regno d'Italia ancora al completo ed invitto. Anche per questi fatti Eugenio, in cuor suo, auspicava di poter rimanere sul trono di Milano anche dopo la disfatta napoleonica. Questo sogno regale venne però infranto dai disordini che scoppiarono proprio a Milano il 20 aprile, durante i quali alcuni facinorosi linciarono e uccisero il ministro delle finanze Giuseppe Prina. La popolazione plaudente convinse il Beauharnais di non avere più l'appoggio degli italiani.

La gente lo identificava infatti con i francesi ormai detestati e così il giorno 26 Eugenio abdicò e l'indomani lasciò l'Italia per raggiungere la Baviera presso i suoceri.

Aveva così fine il Regno napoleonico d'Italia, trasformato in provincia austriaca e poi nel Regno del Lombardo-Veneto. Il congresso di Vienna fu tuttavia generoso con il Beauharnais, il quale, soprattutto grazie ai buoni uffici dello Zar di Russia, ottenne un cospicuo appannaggio nelle Marche (più di 2.000 tenute agricole e un centinaio di palazzi urbani che erano stati espropriati durante il periodo napoleonico allo Stato della Chiesa).

Ma andiamo per gradi, ricostruendo tutto il passaggio politico militare che portò alla fine del regno.

IL RITORNO DALLA RUSSIA

Tutto ebbe inizio con la disastrosa ritirata di Russia. Nel dicembre 1812 Napoleone rientrò in Francia con un esercito ridotto a poche decine di migliaia di unità, stremato e sconfortato. La diretta conseguenza di questa disfatta fu prima l'abdicazione e il successivo abbandono e voltafaccia delle nazioni che avevano accettato malvolentieri di marciare con i francesi, vale a dire Prussia, Austria e diversi stati minori.

Tutti questi in quel tardo 1813 passarono all'alleanza con Inghilterra e Russia, giusto in tempo per partecipare alla grande battaglia di Lipsia del 16 ottobre. Un Napoleone battuto e costretto alla difensiva permise fra le altre cose all'Austria di organizzare un'invasione "restauratrice" in Italia.
Il comandante austriaco, il feldmaresciallo Hiller, aveva tuttavia di fronte un esercito italiano determinato. Nonostante le grosse perdite subite nella ritirata di Russia, Eugenio di Beauharnais, riuscì a rimettere in piedi un'armata di quasi 50.000 uomini che andò a schierarsi sulla linea confinaria dell'Isonzo. Tuttavia il lungo confine con l'impero austriaco permise ad un secondo esercito al comando del feldmaresciallo von Fenneberg, di entrare indisturbato in Alto Adige minacciando di aggirare l'armata italiana, che fu pertanto costretta a ripiegare sulla linea dell'Adige abbandonando la grande regione ad est del fiume, dopo aver già perso la Dalmazia, Ragusa e l'Istria.
Questi ripiegamenti, complice una certa lentezza di manovra degli avversari, avevano consentito ad Eugenio di guadagnare altro tempo che gli permise di aumentare i rinforzi nelle sue fila.

▲ Grande adunata delle truppe del regno italico in partenza per la campagna di Russia del 1812

Eugenio inoltre faceva affidamento sull'unico alleato utile e "parente" rimastogli sulla carta, vale a dire Gioacchino Murat con il suo esercito del Regno di Napoli. Murat aveva ovviamente gli stessi problemi di sopravvivenza ed aveva quindi tutta la convenienza a lottare insieme ai soldati italici. Soldati italiani che, fra le altre cose, avevano già dato buona prova del proprio valore militare proprio a Lipsia, dove, mentre i titolati soldati tedeschi defezionavano rapidamente, essi mantennero bene le posizioni, tenendo aperta l'unica via di fuga di Lindenau che permise di salvare l'armata imperiale dalla disfatta totale.

La prospettiva di unire l'armata italiana a quella di Napoli e di poter disporre di una forza d'urto di quasi 80.000 uomini, considerando le guarnigioni venutesi a liberare e quelle rimaste a presidiare zone strategiche, offriva a Napoleone la possibilità di una resistenza estremamente valida sul fronte italiano. C'è da considerare inoltre che i due fedeli sudditi vantavano, specialmente Murat, elevate se non ottime qualità militari.

Sul terreno la linea difensiva si basava sulle piazzeforti di Peschiera, Mantova e Legnago, in sostanza il famoso"quadrilatero" di risorgimentale memoria.

Oltre l'Adige, gli italiani presidiavano saldamente le fortezze di Palmanova, Osoppo e ovviamente Venezia dove era stanziata persino una flotta che poteva liberamente scorrazzare in un Adriatico privo di navi austriache. Questo stato di forza fu sufficiente ad intimorire l'armata austriaca d'Italia tanto da indurla a rimanere ferma sulle sue posizioni; tuttavia l'offensiva principale che aveva per teatro l'attacco alla Francia stava volgendo al meglio per le potenze alleate nemiche di Napoleone. L'Austria non poteva rimanere a guardare, correva il rischio di dover negoziare condizioni di pace sfavorevoli se non avesse occupato l'Italia prima della resa finale di Napoleone.

Per prima cosa il consiglio aulico di Vienna decise di fare un cambio della guardia al vertice dell'armata. A metà dicembre fu esonerato l'inetto e inefficace feldmaresciallo Hiller, sostituito con il feldmaresciallo Bellegarde già presidente del consiglio aulico di guerra.

Però questo cambio di leadership da parte austriaca non cambiò i fattori in campo: le armi italiane erano sempre ben disposte e sufficientemente agguerrite, tanto da poter rintuzzare facilmente le puntate offensive nemiche, mentre Vienna, impegnata ovviamente anche in Francia, non poteva dislocare altri uomini sull'Adige. Quando la soluzione sembrava senza via d'uscita, entrò in gioco la diplomazia del governo austriaco che decise di "comprare" i due sovrani italiani fedelissimi di Napoleone. In buona sostanza l'Austria promise loro il mantenimento dei rispettivi troni: Murat a Napoli ed Eugenio a Milano. In cambio ovviamente chiedeva loro di passare armi e bagagli dalla parte degli alleati e tradire l'imperatore di Francia.

Il Beauharnais non se la sentì di tradire il suo mentore e patrigno, anche se a farlo propendere per una tale scelta di lealtà certamente influirono motivazioni più squisitamente politiche. Eugenio non si fidava completamente degli austriaci: consentendo loro il passaggio sul suo Regno, ciò lo avrebbe reso scoperto e indifeso. Inoltre al vertice della sua armata moltissimi erano gli ufficiali francesi, bonapartisti convinti. Lui stesso era francese, e l'idea di combattere contro la sua madrepatria gli appariva inaccettabile.

Per contro il re di Napoli, il "francese" Murat accettò, non senza dolorosi dubbi e mal di pancia, l'offerta di Vienna. Sempre per analisi politico-strategica riteneva fosse assai sicura la promessa fattagli di rimanere sul trono di Napoli: i Borbone, restaurati in Spagna, stavano riottenendo la Francia, e l'Austria, una volta chiusa la parentesi napoleonica, non avrebbe certo agevolato il ritorno di un Borbone anche a Napoli. Murat, dunque, finì per sottoscrivere ed accettare le proposte austriache e, l'11 gennaio 1814, concluse un' alleanza segreta con l'Austria.

Fu una mossa azzardata, che dette ragione ai dubbi del Beauharnais. A fine guerra, durante il congresso di Vienna, Murat non fu nemmeno invitato, segno evidente che Vienna non intendeva mantenere fede alle sue promesse. Per il re di Napoli finì, come noto, con il proclama di Rimini e la successiva disfatta di Tolentino chiusa poi con la fucilazione di Murat.

Ma vediamo cosa successe. Il tradimento del re di Napoli cambiava le carte in tavola a favore degli austriaci. Nei giorni a venire quindi l'esercito napoletano si portò a nord, dove raggiunse la Toscana e l'Emilia per il pianificato ricongiungimento con i soldati dell'armata d'Italia.

A Bologna, però, Murat, vincolato dagli accordi segreti, annunciava pubblicamente la propria defezione e univa le proprie truppe a quelle sardo-austriaco guidate dal generale Nugent. Contemporaneamente cedeva Livorno alla marina inglese.

IL REGNO ITALICO SOLO CONTRO TUTTI

La decisione murattiana non colse di sorpresa Napoleone, che già tempo prima, in scambi di lettere con funzionari del Regno d'Italia, manifestava grossi dubbi in merito alla fedeltà di suo cognato Gioacchino. Vista la mal parata, Napoleone ordinò ad Eugenio di raggiungerlo in Francia con tutta la sua armata ad eccezione di alcune guarnigioni. Ora, era il suo ragionamento, si trattava di difendere il sacro suolo della Francia.

Tuttavia il viceré questa volta si mostrò titubante, e a modo suo dilazionò la risposta a Napoleone prendendo tempo.

In Francia si sospettò che il Beauharnais, sia pure in ritardo fosse pronto a salire sul carro dei vincitori, tradendo a sua volta chi lo aveva reso grande. Cosa che invece non era possibile per le questioni dette sopra, in merito soprattutto alla composizione in gran parte franco-bonapartista della sua armata.

Senza contare che una lunga marcia fatta da 40.000 uomini, da mesi sottoposti alla tensione offensiva degli avversari, sarebbe stata certamente soggetta ad insormontabili difficoltà, e ben pochi uomini dell'armata d'Italia sarebbero riusciti a ricongiungersi con la *Grande Armée* che a sua volta si trovava in fase assai critica. Era molto meglio, Eugenio pensava, tenere le attuali forti posizioni che vincolavano il tenace avversario sul terreno.

Certo il tradimento di Murat costrinse l'esercito a rivedere la propria strategia. Per evitare di essere preso tra due fuochi ed aggirato, Eugenio fece un ulteriore ripiegamento del fronte andando a sistemarsi dietro al Mincio, rinunciando pertanto alla difesa di Verona che venne prontamente occupata dagli austriaci.

Era ormai venuto il momento dello scontro tanto dilazionato.

Il feldmaresciallo Bellegarde, fanfare in testa, esce da Verona con la sua armata con il proposito di cercare battaglia.

Il consiglio aulico di Vienna premeva da tempo per questa offensiva.

Al nord le armate alleate stavano schiacciando ciò che rimaneva della *Grande Armée*.

Bisognava sconfiggere il viceré prima della resa di Parigi.

Ai primi di febbraio, con l'armata austriaca che si andava posizionando, Bellegarde incontrò Murat a Bologna per stabilire insieme le modalità dell'offensiva. Tuttavia proprio da Murat giunsero ad Eugenio delle buone notizie: segretamente il re di Napoli assicurò il viceré d'Italia che non avrebbe permesso uno scontro fra i propri soldati e gli italiani, alleati ed amici fino al giorno prima. Vienna stessa ritenne di non fidarsi troppo del suo nuovo infido alleato e, per non correre rischi in battaglia, la questione rimase affare di Eugenio e di Bellegarde, con Murat fermo in Emilia a far da spettatore interessato.

LA BATTAGLIA DEL MINCIO 8 FEBBRAIO 1814

Venne quindi la giornata dell'8 febbraio, che diede vita ad una strana battaglia assai manovrata fra due eserciti che grosso modo si equivalevano. Circa 30.000 uomini per parte con una leggera superiorità italiana.

La prima mossa la fece il comandante austriaco Bellegarde, che, informato di un ulteriore ripiegamento di Eugenio sulla via di Cremona, decise di attraversare il Mincio a Valeggio e in diversi altri punti con varie colonne del suo esercito che si trovò così un po' frazionato nella delicata operazione di attraversamento del fiume.

Perseguiva in tal modo una tattica assai critica ed inusuale, giustificata solo dall'abile diplomazia di Murat che, a parole, nell'incontro di Bologna gli promise la massima collaborazione e che convinse il Bellegarde di non trovarsi davanti che sparuti manipoli di soldati nemici. Ma Eugenio, a sua volta rassicurato dal "doppio" Murat, teneva le posizioni, concentrando il suo esercito su una sola forte posizione centrale.

All'inizio questo fatto agevolò le puntate offensive delle varie colonne austriache, che, guadando qua e là il fiume, spesso si vennero a trovare di fronte pochi nemici. Tuttavia, la sorpresa per Bellegarde fu grande quando scoprì che nel centro aveva di fronte tutta l'armata italiana, la quale poteva inoltre contare sui rinforzi, potenzialmente mobili, delle forti guarnigioni sicure dentro Peschiera e Mantova, a nord e a sud del fronte principale. Il contrattacco italiano si sviluppò nel pomeriggio e di sera e continuò fino a tutte le prime ore del 9 febbraio.

Al termine di molte ore di aspri combattimenti, i franco-italiani vantarono vittoria. Questo era vero solo in parte. Sul fronte entrambe le armate lamentarono circa 4.000 uomini fra morti, feriti e prigionieri.

Inoltre nessuno dei due comandanti sostanzialmente raggiunse gli obiettivi prefissati alla vigilia della battaglia. Il viceré Eugenio non riuscì a ricacciare gli austriaci oltre l'Adige, mentre il maresciallo Bellegarde dovette abbandonare l'offensiva e attendere per un paio di mesi lo sviluppo dei fatti sugli altri fronti.

In conclusione si può dire comunque che ad uscire rafforzata fu la posizione del viceré che, in qualche fortuita maniera, al momento continuava a garantire a Napoleone l'Italia del nord.

Murat stesso tirò il fiato: tutto sommato questa situazione conveniva anche a lui. "Tenendo" i regni con la spada ancora saldamente sguainata, entrambi i sovrani italiani avevano la massima garanzia di mantenere lo status quo.

LA FINE DEL REGNO

Tuttavia alla fine, quel che doveva comunque accadere, accadde. Il Regno d'Italia cessò di esistere nel 1814 con la fine del periodo napoleonico a seguito della abdicazione dell'11 aprile del 1814. Il giorno 16 Eugenio Beauharnais comunicava di avere concluso anch'egli un armistizio con il feldmaresciallo austriaco Bellegarde, anche se sperava che il suo trono potesse essere salvato dalla disfatta napoleonica. Dopo i disordini milanesi del 20 aprile con il linciaggio del ministro delle finanze Giuseppe Prina ad opera della folla inferocita, Beauharnais capì tuttavia di non avere l'appoggio della popolazione. La gente lo identificava infatti con i detestati francesi e così il 26 aprile abdicò, lasciando il giorno successivo l'Italia per ritirarsi in esilio in Baviera presso i suoceri. Aveva così fine il Regno napoleonico d'Italia.

Il 25 maggio, assumendo la presidenza della Reggenza del governo provvisorio, Heinrich Johann Bellegarde proclamava a Milano la cessazione anche legale del Regno.

NOTE ORIGINALI
UNIFORMOLOGICHE
DI QUINTO CENNI

Storia delle Uniformi Militari
della Republica Cisalpina 1796-99 e 1800-02,
della Republica Italiana 1802-5
e del Regno d'Italia 1805-14

Opera disegnata e descritta sopra autentici documenti d'Archivio e Biblioteca
dal Pittore G.^{to} Cenni d'Imola, residente in Milano
a proprie spese

Estratto disegnato, colorito e descritto dal medesimo per conto esclusivo
del Sig.^r Dr Comm.^{re} H.J. Vinkhuizen, dell'Aia, G.C. di S. Stanislao.
cominciato il 1° Ottobre 1908

Agenzia Militare Francese in Lombardia
14 Maggio al 22 Settembre 1796

"Corpo Civico" di Milano
(Milizia Urbana)

Allorquando, dopo le strepitose vittorie francesi di Montenotte, Dego, Millesimo e Lodi; le truppe republicane di Francia, comandate dal generale Napoleone Bonaparte (di Ajaccio di Corsica (Italia)) fecero – nei giorni 14 e 15 Maggio 1796, il loro festeggiatissimo ingresso in Milano, questa città metropoli della Lombardia Austriaca era stata abbandonata dal suo Governatore l'Arciduca Ferdinando d'Austria fin dal giorno 7 ed affidata ad una Giunta di Governo da lui nominata, e difesa unicamente dal "Corpo Civico" chiamato sotto le armi nel giorno stesso, mentre il Castello era tuttora in mano agl' Austriaci.

Il "Corpo Civico" era stato istituito nel 1615 dal Duca d'Inojosa, allora Governatore di Milano per la Spagna ed aveva nome di "Milizia Forese". Passata Milano in mano agl' Austriaci, la Milizia Forese fu sciolta nel 1749 e poco dopo ricomposta col nome di "Corpo Civico" e nel 1782 ebbe anche la sua prima uniforme. Questa consisteva in velada (abito lungo) verde a mostre (colletto e paramani soltanto) bianche; calzoni e sottoabito pure bianchi, bottoni e distintivi in oro, sciarpa verde e bianca. Così fu proposta al Governo in detto anno, ma mancano documenti ufficiali per stabilire se il Governo la accettasse tal quale o con qualche modificazione. Vi è soltanto un figurino colorato nel R.°

Archivio di Stato di Milano - che rappresenta appunto il detto "Corpo Civico" con tale uniforme aggiungendovi soltanto la fodera bianca alla velada e le ghette in panno bianco, alte fin sopra il ginocchio per la truppa. I gradi erano i seguenti:

Soprintendente Generale —	Ricami d'oro sopra tutto il vestiario, ma senza spalline, senza bordo al cappello e senza pennacchio
Sei Maestri di Campo —	Spalline e bordo d'oro ai paramani della velada ed a tutta la sottoveste
Sei Sergenti Maggiori —	Spalline e bordo d'oro soltanto alla sottoveste. Per tutti sciarpa verde e bianca e dragona verde e oro
Capitani e Tenenti —	Spalline a frangia sottile unicamente

Non è specificato alcun distintivo per la truppa: di certo avrà seguito il sistema austriaco.

Quattro giorni dopo la sua entrata in Milano il Generale Bonaparte, istituita che ebbe un' "Agenzia Militare Francese", come atto di assoluta padronanza, ordinò che il "Corpo Civico" fosse mantenuto in servizio col nome di "Milizia Urbana" chiamandovi tutti i cittadini validi dai 18 ai 60 anni, con o senza uniforme, ponendola sotto gl'ordini del cittadino (ex Duca) G. Galeazzo Serbelloni, e cambiando i Maestri di Campo in Colonnelli ed i Sergenti maggiori in Maggiori e destinando infine una compagnia per ognuna delle 7 porte di Milano a guisa di nuclei, intorno ai quali si avesse a disporre il rimanente. La "ragione delle cose" vuole poi che si ritenga per fatto certo che la detta Guardia - mantenendo come è provato da qualche documento[2] la propria vecchia uniforme, cercasse tuttavia di assimilarne i distintivi di grado a quelli dell'esercito francese onde noi ci sentiamo autorizzati a presentare, nel modo che presentiamo, nella nostra Tavola 1ª questa Milizia Urbana di Milano:

Tavola 1ª - Milizia Urbana di Milano Nº 1. Generale Serbelloni (da ritratto in cappello ed uniforme) - 2 Colonnello - 3 Maggiore - 4 Capitano - 5 Tenente in tenuta di servizio - 6 Caporale. 7 Tamburino. Tutto il rimanente Guardie, più o meno uniformate.

(Il fondo rappresenta la Piazza dei Mercanti - centro della città (oggi Via Mercanti) quale era allora e quale giunsi ancora a vederla nel 1868 ultimo anno di sua vecchia vita)

Guardia Nazionale Milanese
19 agosto 1796

Premendo al generale Bonaparte ed alla nuova Municipalità di Milano che si avesse ad aver il miglior frutto possibile dall'unica forza armata esistente in

---
(1) Per quanto furbescamente larvata
(2) Cambiandosi l'uniforme di questa guardia nel 19 agosto 1796 fu stabilito che gl'ufficiali della stessa aventi più di 50 anni e non entranti nella nuova guardia, avessero a mantenere la loro uniforme.

in città, fu decretato, il 19 agosto 1796 (1 Fruttidoro An IV), che la "Milizia Urbana" si tramutasse in Guardia Nazionale Milanese, cambiandone l'ordinamento e l'uniforme; ecco l'ordinamento:

Stato Maggior Generale: 1 Comandante Generale (cittadino (ex Principe) Trivulzio).
1 Capo-battaglione comandante, per turno di
  3 decadi e mezza (35 giorni) la guardia.
1 Capitano ⎱ Ajutanti Maggiori
1 Tenente ⎰
1 Furiere

Otto battaglioni: uno per ogni rione della città
Ogni battaglione 10 compagnie (tutte di fucilieri)
  Ogni compagnia: 1 capitano
                  1 Tenente
Ogni ufficiale avente più di 50 anni d'età avrà   1 sottotenente
  diritto al foraggio.   2 sergenti
Ogni ufficiale avente più di 50 anni d'età e non   4 caporali
  entrante in questa Guardia potrà portare   e, coi volontari, 100 uomini ognuna.
  ad honorem, l'uniforme dell'ex Milizia   (in tutto 8000 uomini)
  Urbana.
Una bandiera per ogni battaglione (cogli emblemi repubblicani)
Una musica.
Non si parla affatto di tamburi, ma dev'essere una dimenticanza.

ed ecco la nuova uniforme:

Abito lungo verde oscuro con fodera eguale; patelette del petto (revers), bavero (collet) e paramani cremisi; con orlo (passepoil) bianco al cremisi e cremisi al verde.
Gillet o sottoabito bianco a 2 petti.
Calzoni (culottes) bianchi in gran tenuta, verdi nell'ordinaria.
Mezze ghette di panno nero per la truppa; stivali a mezza gamba con risvolti agl'ufficiali.
Cravatta (col) nera ad orlo bianco.
Capello montato alla francese con coccarda e pennacchio tricolore.
Bottoni gialli coll'impronta di due spade e la leggenda GUARDIA NAZIONALE MILANESE.
Musica = L'abito è azzurro chiaro mostreggiato in arancio e galonato in argento e azzurro - spalline (trefles) argento ed azzurro - cetra d'argento all'unione delle retroussis.
Gillet come la guardia.
Calzoni come l'abito con ornamenti come l'abito.
Mezzi stivali ornati in argento.
Capello come la guardia in tutto, meno la ganza che rattiene la coccarda che sarà in argento e meno i fili d'argento che la Guardia pare che non abbia.
Il capo veste ugualmente ma con ornamenti in oro - Il gallone d'ornamento ha 3 fili ognuno pel largo - Nulla è detto dei tamburi

Vediamo tutto ciò nella Tavola 2ª:
Tavola 2 - N° 1 Generale (da un ritratto). 2 Capo-battaglione, comandante interinale di tutta la Guardia - 3 Capo-battaglione - 4 Capitano ajutante maggiore - 5 Capitano - 6 Tenente
7 Sottotenente - 8 Sergente (in tenuta ordinaria) 9 Capitano ajutante - 10 Capitano dell'antica "Milizia Urbana" - 11 Tenente ajutante Maggiore (in tenuta ordinaria) 12 Ufficiale in tenuta di città e soirées. 13 Caporale furiere - Tutto il rimanente Guardie in uniforme.
(Il fondo rappresenta Milano vista dall'esterno e propriamente da sud overt. - a dritta il campanile di S. Eustorgio presso Porta Ticinese; in fondo il Duomo)

Il 28 agosto medesimo fu promulgata una "Grammatica per i Distintivi di grado, la quale giova credere che fosse interamente alla francese non essendovi alcuna ragione plausibile perchè avesse ad essere diversa; però il documento non lo dice – Noi la mettiamo in pratica (spalline e Dragone) in ogni singolo grado di ufficiale o soldato nella Tavola 2ª e nelle susseguenti.

Riguardo ai tamburi, non è spiegabile altro che come dimenticanza il nessun cenno che se ne fa nella Descrizione dell'uniforme – Forse ancora se ne è taciuto perchè superfluo il parlarne come di cosa già convenuta. Per l'uno o per l'altro capo noi abbiamo stimato conveniente di rappresentarli ugualmente tenendoci alle norme date dalla Guardia Nazionale di Parigi.

Vedasi quindi la Tavola 3ª –

Tavola 3ª = <u>Guardia Nazionale Milanese</u> – <u>Uomini di Comune</u> – <u>Guardie di Polizia e di Finanza</u> – N° 1 Tamburino maggiore 2 Caporale o Maestro Tamburini – 3-3 Tamburini. 4 Capo Musica – 5.5. Musicanti 6 Guardie Nazionali dei Corpi Santi (1) –––––––––– N° 7 <u>Uomo di Comune</u> (2) – 8 Guardia di Polizia a cavallo (3) – 9 Guardia di Polizia a piedi – 10 Guardia di Finanza (4) –

(Il fondo rappresenta ancora Milano dal di fuori ma un poco più da sud ovest della Tavola 2ª. Al centro un bastione nero si avanza contornato dalla sua giovanissima alberatura (oggi imponente) come pure il resto delle mura – a sinistra si alza la cupola della chiesa di S. Maria delle Grazie – opera celebre del Bramante)

(1) I Corpi Santi sono i sobborghi di Milano non ancora abitati come lo furono poi anche da gente civile – I Corpisantini sono vestiti di loro panni che stanno fra quelli del popolo e quelli della campagna

(2) – La campagna rispose malamente all'invito di iscriversi nella Guardia Nazionale perciò furono istituiti (6 ottobre 1796) i così detti "<u>Uomini di Comune</u>", specie di gendarmi che dovevano sorvegliare il rispettivo comune, esercitandosi nelle armi ogni tanti giorni e facendo pattuglie – Erano in ragione di 1 per 1000 abitanti, avevano paga – fucile, baionetta e giberna e più ancora, la sciabola e si vestivano di una giubba alla cacciatora cioè abito corto – verde mostreggiato in rosso.

(3) e(4) Le Guardie di Polizia a piedi ed a cavallo e le Guardie di Finanza è provato da documenti certi che esistevano, ma nulla si sa delle loro uniformi – Noi le diamo egualmente a titolo di riempitivo, tenendoci per la forma del vestiario alle usanze del momento e per il colore a quello che ebbero più tardi.

Cessato Cenni

Amministrazione Generale in Lombardia
22 Settembre 1796 — 30 Giugno 1797
(5 Vendemmiale An V – 11 Messidoro A IV)

Legione Lombarda
e Batt.ne Zappatori

Il 22 Settembre 1796 un "Amministrazione Generale in Lombardia" succedeva, come nuovo governo provvisorio alla vecchia "Agenzia Militare Francese", durata circa 4 mesi. La Municipalità di Milano non aveva ancora stabilito il genere ed il nome del governo definitivo ed intanto si contentava di denominazioni di natura affatto amministrativa, ma che però avevano anche un significato di sudditanza alla Francia.

Il generale Bonaparte, cambiando il nome e l'uniforme della vecchia Milizia Urbana, ne aveva per cambiato l'alto personale, nominando a comandante in capo ed a capi battaglione giovani di cuore ardente, amantissimi della Patria ed in tutto devoti a lui ed alla causa che egli rappresentava. Ne avvenne quindi quanto egli forse aveva preveduto e preparato: al grido delle nuove vittorie francesi sul Mincio, il cuore ardente di quei giovani capi ebbe un sussulto di generosa invidia e di desiosa brama di emulazione e tutti chiesero altamente di essere condotti al fuoco essi pure coi loro giovani e non meno ardenti volontari. Bonaparte — che non aspettava altro — subito li contentò, ordinando, con decreto dell'8 Ottobre (21 Vendemmiale) l'immediata formazione di una *Legione Lombarda* composta delle tre armi ed organizzata come segue:

I Stato Maggiore:
- 1 Capo Legione (Capo di Brigata o colonnello)
- 2 Aiutanti di Legione (Capi battaglione)
- 1 Tamburino maggiore
- 2 Tamburini maestri
- 8 Capi operai ed operai

Forze della Legione
- St. Maggiore 14
- St. Magg. di Coorte 42
- Centurie fanteria 3500
- Artiglieria 62
- Cavalleria 118
- Batt.ne Zappatori 500 (circa)
- **Totale Uomini 4236**

IV Cavalleria
Un squadrone Cacciatori a cav.
- 1° Capitano in 1ª
- 1° " in 2ª
- 1 Tenente
- 1 Sottotenente
- 1 Maresciallo d'alloggi capo
- 2 Marescialli d'alloggi
- 1 Brigadier furiere
- 8 Brigadieri
- 2 Trombettieri
- 2 Maniscalchi
- 98 Cacciatori
- **118**

II Fanteria: 7 Coorti di 5 centurie
(7 Battaglioni di 5 compagnie)
- 1ª Granatieri
- 2ª - 3ª e 4ª Fucilieri
- 5ª Cacciatori

St. Magg. di Coorte
- 1 Capo Coorte (Capo Battaglione)
- 1 Quartier mastro
- 1 Chirurgo
- 1 Capitano aj. magg.e
- 1 Sottotenente sott. aj. magg.
- 1 Sottotenente port'insegna
- 6 per 7 Coorti = 42

Ogni Centuria:
- 1 Capitano
- 1 Tenente
- 1 Sottotenente
- 1 Sergente maggiore
- 3 Sergenti
- 7

III Artiglieria Una dicisione di 4 p.
- 1 Capitano
- 2 Tenenti
- 2 Sottotenenti
- 1 Sergente maggiore
- 2 Sergenti
- 1 Caporal furiere
- 4 Caporali
- 1 Tamburo
- 48 Artiglieri
- **62**

V Battaglione Zappatori circa 500
- 7
- 1 Caporal furiere
- 6 Caporali
- 2 Musici (1) 35 Centurie
- 2 Tamburi Uomini 3500
- 82 Legionari
- **100**

(1) 2 Due musici, inclusi in ogni compagnia e l'assenza completa di un capo-musica possono indicare che non v'era una vera musica ma semplicemente una fanfara.

L'uniforme della Legione fu il seguente: Giubba verde ad un petto solo e falde corte, rivoltate sul davanti — colletto, paramani in punta, fodera e falde color rosso scarlatto. Bottoni gialli;

Distintivi di grado: per gl'ufficiali le spalline, dragone e galloni della gualdrappa;
per la truppa, galloni al braccio.

Sotto-giubba verde a bottoni gialli;
Calzoni verdi stretti alla gamba, con ornamenti all'ungarese in color rosso — oro per gl'ufficiali;

Distintivo di servizio —   per gl'ufficiali.
Stivaletti corti di panno nero con 8 bottoni d'ottone;
Stivaletti corti di pelle per gl'ufficiali, ornati in oro.

Distintivi di qualità   Giubba, sotto-giubba e calzoni grigi per la tenuta di quartiere e di fatica.
Granatieri — pennacchio e spalline rosse   Cappotto grigio.
Fucilieri — Pennacchio tricolore   Buffetteria bianca e, per gl'ufficiali bianca verniciata
e spalline di panno rosso   Capello, eguale per tutti, rotondo coll'ala sinistra rialzata; coccarda e pennacchio
Cacciatori — Pennacchio e spalline verdi — Tamburino maggiore i soliti ornamenti
                Tamburino maestri, Tamburini e Musici galloni al colletto e paramani
                Trombettiere di cavalleria — tutto in rosso e verde.
L'artiglieria vestiva egualmente, ma aveva paramani (quadri) e colletto neri; pennacchio e spalline rosse
Il Battaglione Zappatori in tutto come l'artiglieria, meno il colletto ed i paramani che erano verdi.
La Cavalleria come i Cacciatori a cavallo francesi, cioè verde, mostreggiato in rosso ed ornato in bianco.

Fu la Legione portata al completo di quella forza indicata nei quadri? Ciò di nò se dobbiamo prestar fede ad una domanda di oggetti di vestiario ed equipaggiamento per la Legione fatta quasi subito dopo. Infatti tale domanda si limita a 2400 capelli di feltro in luogo di almeno 4000 - 2600 dozzine di bottoni grandi e 5200 dozzine di bottoni piccoli.⁽¹⁾ Ora calcolando 29 bottoni piccoli per uomo / sotto-giubba: 11-nel petto   e uomini 2400 (tanti quanti sono i capelli richiesti) abbiamo 69.600 bottoni piccoli, quantità ancora superiore al 62.400 che è il risultato di 5200 dozzine.
                              2-nei paramani
                              12-nelle ghette
                               4-nei calzoni
                              29 (all'incirca)

Può essere — è ben vero — che questa non sia stata che una prima domanda e che di una seconda sia andata smarrita la traccia, come pure può essere che nel bottino di guerra fatto in Castello di Milano — dopo la sua resa (avvenuta poco tempo avanti) siasi trovato di che provvedere in altro modo la Legione — Ma sta anche il fatto che l'entusiasmo pei Francesi cominciava già un poco a sbollire per le loro enormi ruberie ed anche perché si vide che i Francesi non volevano servirsi degl'Italiani altro che per coprirsi le spalle e per disturbare e combattere altri Italiani — la Repubblica Veneta, cioè, e lo Stato Pontificio — onde chi amava la „Repubblica„ avrà continuato nel suo entusiasmo, ma chi amava la Patria ancor più della Repubblica ci avrà voluto pensar su un poco prima d'iscriversi nella Legione ed avrà finito per non iscriversi.

(1) Oltre gl'abiti, i gilets, le berette, le armi, i pennacchi ecc ecc ecc sempre e supergiù nello stesso quantitativo!

Passiamo alle Tavole:

TAVOLA IV *Legione Lombarda* – Fanteria – 1 Capo Legione (grado di capo-brigata (colonnello) La Hoz (quasi ritratto) – 2 e 3 Ajutanti di Legione (Capi-battaglione, ma colla spallina piena a destra) 4 Capo battaglione (o Coorte). 5 Suo Capitano Aj. Maggiore (spallina piena (a frangia sottile) a destra e dragona a frangia grossa (si vede svolazzare di dietro la persona). 6 Tamburino maggiore – 7 Caporale o Maestro Tamburo – 8 Musicanti. 9 Tamburino granatieri – 10 Tamburini fucilieri – 11 Tamburini Cacciatori.

Il fondo della Tavola rappresenta ancora Milano, fuori le mura co' suoi vecchi bastioni ad alberatura giovanissima – In fondo il Duomo ancora in costruzione – Punto di vista da Sud-Est.

Note – A questa Tavola dobbiamo aggiungere alcune nostre osservazioni: N° 1. Le celebri cinque tavole Zanoli ("a Milizie Cisalpine") fanno vedere La Hoz cogl'adornamenti di generale; ma La Hoz fu generale solo nel 1797 e qui siamo ancora nel 1796, onde noi lo rappresentiamo come colonnello. Per gl'altri ufficiali – 2 a 5 – diamo i distintivi portati dalla "pranmatica dei gradi" emanata il 28 agosto 1796, completata colle usanze militari francesi relativamente ai pennacchi. – N° 7 Lo prendiamo, tal quale, dalla Tavola 1ª del Zanoli – 9 a 11. Id. id.; ma per le casse dei tamburi non crediamo di dover seguire ciecamente il Zanoli. Sta il fatto che nel Secolo XVIII usavano i tamburi di rame colorati e che i tamburi a cassa d'ottone non cominciarono altro che nei primissimi anni del Secolo XIX. Ma vi è di più ancora: il 27 agosto 1803 "le casse dei tamburi della 1ª mezza brigata di linea che erano di rame vengono cambiate in altre d'ottone." (1) Ora, che corpo era mai questa 1ª ½ brigata di linea? Semplicemente la Legione Lombarda, la quale, formandosi le Legioni cisalpine nel 1797, abbandonò il qualificativo di "Lombarda" per assumere quello di "Prima" fra le Legioni suddette, e, nel 9 Primale anno VI, vale a dire nel 1798, quello di "Legione" per assumere quello di "Mezza brigata di linea". – Ma, ci si domanderà, come mai il Zanoli, che era già militare nel 1796 e che salì poi ad altissimi gradi nell'Esercito, come mai ha egli potuto fare una simile dimenticanza? Rispondiamo: Dal 1796 al 1799 le vicende politiche e militari successero rapide come fulmini, onde dovettero lasciare di se stesse e delle proprie piccole contingenze una visione altrettanto rapida quanto incerta. Viceversa il periodo imperiale stampò un'impronta incancellabile nelle menti e fu durante tale periodo che le casse dei tamburi furono cambiate da rame colorato in ottone. Nulla quindi di straordinario che il Zanoli, nel 1840, avendo sotto gl'occhi a Modena, a Milano, dappertutto, casse da tamburo in ottone, pari a quelle del 1° Impero, abbia ricordate queste e non le casse di rame del rapido turboleuto periodo 1796-1803; o, quanto meno, non abbia creduto che fosse il caso di ricordarle in una rivista artistica, quale è quella delle sue cinque tavole, rapida, cioè, ed a grandi tratti. – Lo stesso dicasi della leggenda sulle lastre d'ottone dei capelli che il decreto dell'8 ottobre 1796 vuole così: LIBERTÀ ITALIANA e Zanoli ha dato invece per: VIVA ITALIA.

Dopo tutto chi c'impedisce di supporre che l'artista italiano (Focosi) abbia interpretato ed eseguito questi disegni di uniformi militari con quella trascuratezza abituale ed ingenua noncuranza colla quale i disegnatori italiani hanno sempre trattato e, forse, tratteranno sempre questo ramo importante della storia militare? Può darsi benissimo che il Zanoli, già vecchio di 60 anni e tutto inteso alla parte scritta, invero importantissima, della sua opera, non abbia trovato la voglia, il tempo ed il modo di occuparsi di quella artistica e si sia limitato a pochi accenni verbali e .... allora ...... apriti terra che di sbagli da ingoiare ce ne è un mucchio in quelle Tavole!

(1) Il 2 Gennajo 1804 toccò alla 3ª mezza brigata il fare un simile cambio, ciò che prova sempre più che il cambiamento medesimo non avvenì a casaccio, ma ebbe delle norme ben stabilite.
Dal R° Archivio di Stato di Milano – Parte militare moderna – Dispacci ministeriali.

TAVOLA V. Legione Lombarda. N°1 Capitano di granatieri- 2 Tenente di cacciatori, 3 Quartier mastro (tenente) (Stato maggiore di Coorte) 4 Chirurgo di Coorte- 5 Sottotenente port'insegna- 6 Ufficiale di granatieri in capote o mantello- 7 Sottotenente fucilieri (sott'ajutante maggiore di Coorte)- 8 Sergente maggiore (fucilieri)- 9 Sergente (granatieri) 10 Caporal furiere (cacciatori)- 11 Caporale (cacciatori)- 12 Fuciliere- 13 Operajo- 14 Figlio di Truppa- 15 Soldato in sottogiubba verde e pantaloni bigi, 16 Id. in mussinino, sottogiubba e calzoni bigio- 17 id. in sottogiubba e calzoni bigio.

Il fondo presenta l'interno del Lazzaretto (Io ho fatto a tempo a vederlo tal quale nel 1868: ora è tutta città)- Il Lazzaretto serviva per feste popolari, riviste, riunioni e

Nota- Essendo liberi di farlo abbiamo preferito dove il capello a corni ai N° 4 e 13 perchè sono più in carattere- che non il capello tondo- colle maniatoni abituali del Chirurgo e dell'Operajo.

TAVOLA VI Legione Lombarda- Divisione d'artiglieria e Batt. "Zappatori"- N°1 Capo battaglione dei Zappatori- 2 Capitano com.te la Divisione d'Artiglieria- 3 Tenente di Zappatori- 4 Sottotenente d'Artiglieria- 5 Sergente maggiore di Zappatori- 6 Tamburino maggiore id- 7 Caporale Tamburino id. 8 Tamburini id- 9 Tamburino d'Artiglieria- 10 Artigliere- 11 Id. in cappotto.

Nota- È strano che un battaglione che non fa mai servizio unito come quello dei Zappatori ed ha soltanto 10 Tamburi abbia poi un Tamburino maggiore! ma la Tabella delle paga lo contempla e noi dobbiamo tacere ed addetterlo- Così pure è strano che non si parli affatto, affatto di Treno d'artiglieria! - Ma non se ne parla a noi non sappiamo che dire.

TAVOLA VII Legione Lombarda- Cavalleria Cacciatori a cavallo- N°1-Capitano comandante- Balabio (ritratto) (La compagnia era a tutte sue spese)- 2 Capitano in 2ª- 3 Maresciallo d'alloggio- capo- 4 Trombettiere (Tutti in grande tenuta (dolman))- 5 Cap Brigadiere in tenuta ordinaria- 6 e 7 Cacciatori in mantello ed in gillet.

Prima che finisse quest'anno 1796, così pieno di emozioni patriottiche, si fece un rimpasto dell'organizzazione ed uniforme della Guardia Nazionale Milanese (29 ottobre - 12 Brumajo anno III) e si diede vita ed uniforme al Corpo Sanitario (nello stesso Brumajo) ed al Corpo della Speranza (28 Piovoso) Vediamoli:

TAVOLA VIII Guardia Nazionale Milanese- Corpo Sanitario- Corpo della Speranza- N°1 Generale- 2 Ajutante Generale- 3 Aggiunto allo Stato Maggiore- 4 Uff. di Granatieri- 5 Id. di Fucilieri- 6 Id. di Cacciatori- 7 Id. id. in tenuta ordinaria- 8 Ajutante Sottofficiale- 9 Sergente fucilieri in tenuta ordinaria- 10 Sergente granatieri, non provvisto dell'uniforme- 11 Giovine del Corpo della Speranza- 12 Medico Direttore dello Spedal maggiore- 13 Medico semplice- 14 Capo Chirurgo- 15 Chirurgo semplice o di Rione.

Note- I ni 2 e 3 rappresentano due cariche nuove; il n° 8 un nuovo grado; i n° 4, 5 e 6 e 7 nuove specialità- L'uniforme poi ha cambiato il cremisi in scarlatto e la fodera verde in rossa. Presto vedremo ancora altri cambiamenti.

Quinto Cenni

▲ Napoleone re d'Italia dipinto da Andrea Appiani

TAVOLE UNIFORMOLOGICHE

Note alle tavole a colori

Tutti i figurini pubblicati su questo libro sono opera di Quinto Cenni e fanno parte della collezione privata raccolta alla fine dell'ottocento dal Dott. H. J. Vinkhuijzen ora di proprietà della New York Public Library cui va tutto il nostro ringraziamento per la gentile concessione.

Ogni tavola ha subito una radicale pulizia grafica da graffi, segni e usure del tempo. Tutte le indicazioni riportate, quando presenti, si rifanno agli originali testi inseriti dall'artista ai piedi, a lato delle tavole o sul retro delle stesse.

1796 - Repubblica Cispadana -Cacciatori a cavallo modenesi e reggiani (da Cronaca Rovatti)

1798 Repubblica Cisalpina - Legione Lombarda

1799 anno VII Repubblica Cisalpina - Commissario ordinatore

1796 - Repubblica Cisalpina - Legione Lombarda Cannoniere (dall'opera del Zanoli)

1799 - Repubblica Cisalpina - Ufficiale di fanteria di linea (Aiutante Maggiore)

Cacciatori a cavallo repubblica cispadana dallo Zanoli

Fuciliere della Corte Modenese repubblica cispadana dalla cronaca Rovatti

1796 Ufficiali degli ussari Repubblica Cisalpina dallo Zanoli

1796 Guardia nazionale Repubblica Cisalpina: ufficiale, caporale, zappatore e guardia

1801 Repubblica Italiana Ispettori alle rassegne

1801 ussaro del 1° reggimento repubblica Italiana

1801 Artiglieria a piedi e a cavallo repubblica Italiana dallo Zanoli

1797 Guardia civica di Modena Repubblica Cisalpina

1797 truppe requisite - Ufficiale degli ussari del Panaro Repubblica Cisalpina da cronaca Rovatti

1797 Fanteria di linea repubblica Cisalpina

1798 Guardia nazionale di Modena repubblica Cisalpina dalla cronaca Rovatti

1798 Veterani e cadetti della repubblica Cisalpina

1811 Colonnello dello squadrone d'artiglieria a cavallo regno Italico

1811 Tromba dei dragoni della Guardia reale regno Italico

1810-14 Cannonieri guardacoste ufficiale e sottufficiale. Regno Italico

1812 Dragone della Guardia Reale. Regno Italico

1807 Ufficiale dei cacciatori a cavallo 1° reggimento. Regno Italico

1807 Cavaliere compagni d'élite reggimento dragoni Napoleone. Regno Italico

1810 Ufficiale dei cacciatori a cavallo. Regno Italico

TAVOLE

UNIFORMOLOGICHE

2a PARTE

I GOVERNI PROVVISORI 1796-1830

1796 Cacciatori a cavallo della legione Cispadana. Compagnie di Bologna e di Ferrara

1796 legione Lombarda Divisione d'artiglieria e zappatori. Repubblica Cisalpina

1796 Legione Cispadana. Coorte di Modena

1796 Cacciatori a cavallo della Legione Cispadana. Compagnie di Modena e Reggio

1796 Bureau della guardia nazionale di Reggio. Repubblica Cispadana

1796 Guardia nazionale, Veterani e cacciatori a cavallo di Modena. Repubblica Cispadana

1796 Guardia nazionale di Reggio Emilia. Repubblica Cispadana

1796 Legione lombarda cavalleria: cacciatori a cavallo. Repubblica Cisalpina

1796 Milizia urbana di Milano. Repubblica Cisalpina

1796 Guardia Nazionale milanese. Repubblica Cisalpina

1796 Guardia Nazionale milanese (nuova uniforme) Corpo Speranza e Corpo sanitario. Repubblica Cisalpina

1796 Legione Lombarda. Repubblica Cisalpina

1797 Uniforme della Guardia Nazionale prima dello scioglimento nella Repubblica Cisalpina

1796 Legione Lombarda. Repubblica Cisalpina

1797 Repubblica Cisalpina truppe nel dipartimento del Panaro (Modena)

1796 Guardia nazionale milanese uomini di Confine, guardia di Polizia e di Finanza. Repubblica Cisalpina

1830 Governo di Bologna, truppe ex pontificie e regolari passate al servizio del nuovo governo provvisorio.

1830 Governo di Bologna, Guardia civica a cavallo.

1830 Governo di Bologna, Guardia civica.

TAVOLE UNIFORMOLOGICHE

3a PARTE

PLANCHE ORIGINALI 1810-1815
DEL REGNO ITALICO
DALLA COLLEZIONE CENNI

1812 1° reggimento fanteria di linea - fucilieri, Regno Italico

1812 1° reggimento fanteria di linea - granatieri, Regno Italico

1812 3° reggimento fanteria di linea - fucilieri, Regno Italico

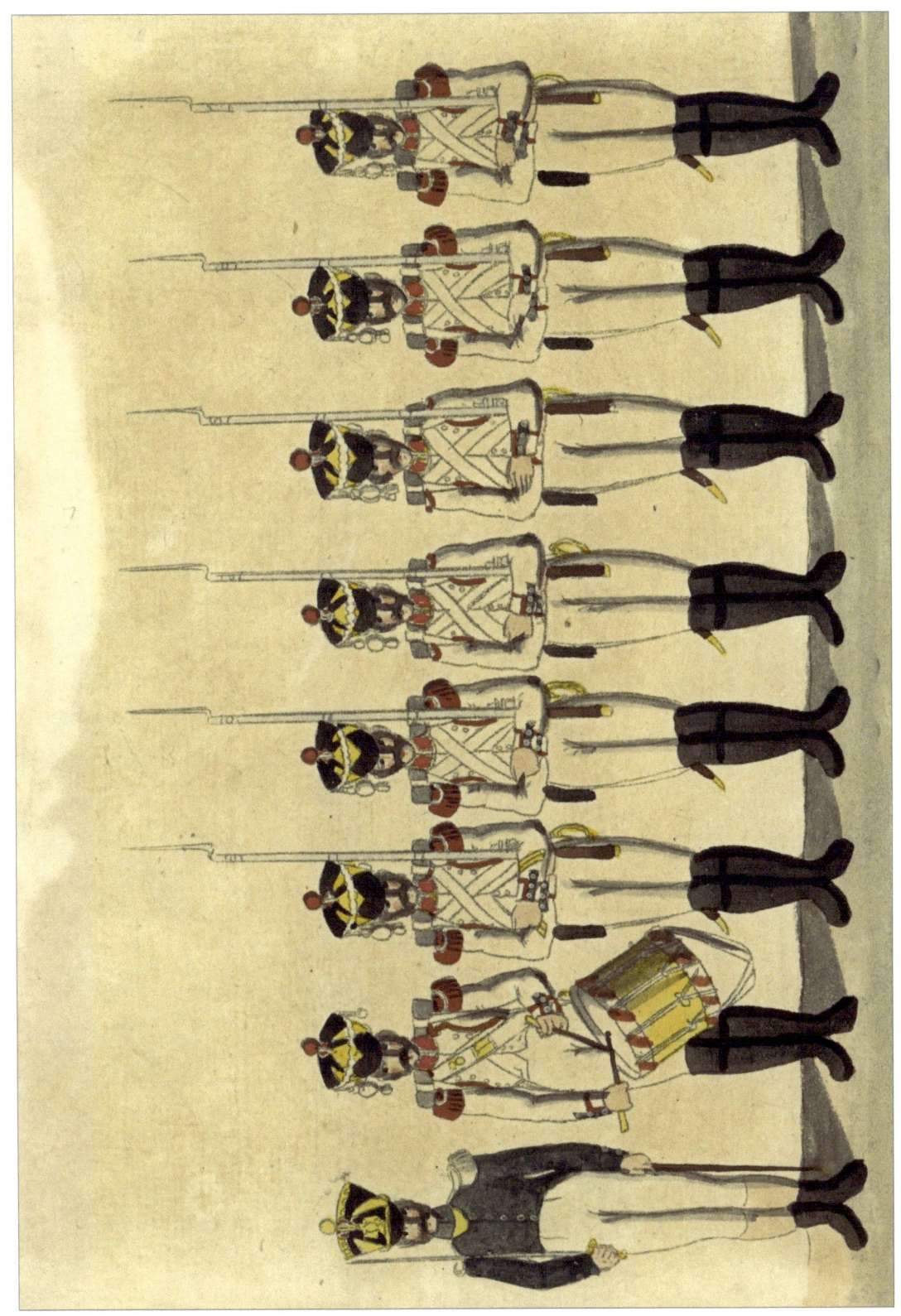

1812 4° reggimento fanteria di linea - fucilieri, Regno Italico

1812 4° reggimento fanteria di linea - volteggiatori, Regno Italico

1812 5° reggimento fanteria di linea - fucilieri, Regno Italico

1812 Granatieri della Guardia, Regno Italico

1812 Veliti della Guardia, Regno Italico

1812 Fanteria leggera, Regno Italico

1812 Truppe dalmate, Regno Italico

1812 Guardia di Milano, Regno Italico

1812 Reggimento d'Artiglieria, Regno Italico

1812 1º reggimento cacciatori a cavallo, Regno Italico

1812 2° reggimento cacciatori a cavallo, Regno Italico

1812 3° reggimento cacciatori a cavallo, Regno Italico

1812 4° reggimento cacciatori a cavallo, Regno Italico

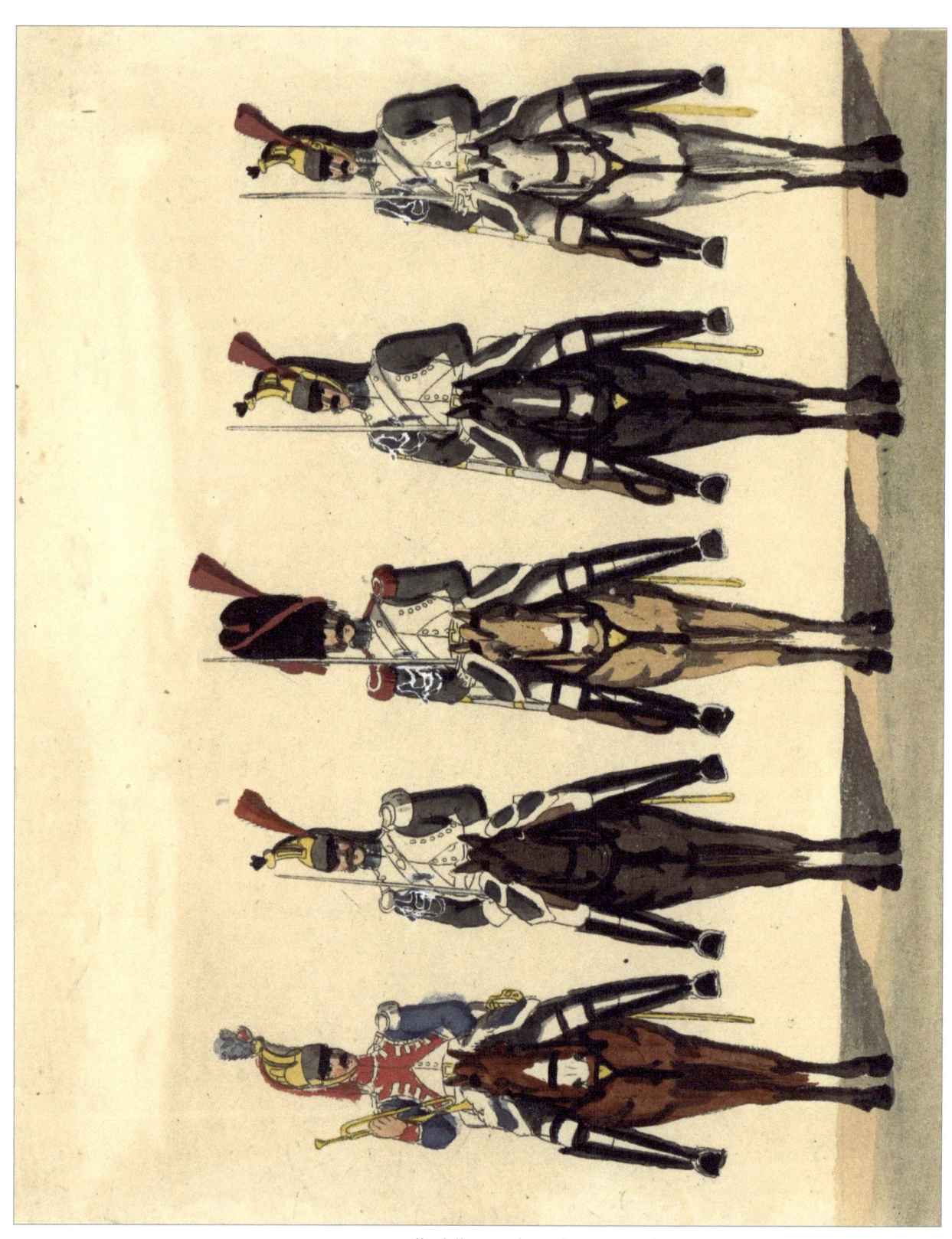

1812 Dragoni a cavallo della Guardia reale, Regno Italico

INDICE:

la Repubblica Cisalpina, Cispadana e il regno d'Italia.	Pag. 5
Note originali uniformologiche di Quinto Cenni	Pag. 17
Tavole Uniformologiche 1a parte	Pag. 27
Tavole Uniformologiche 2a parte - I governi provvisori 1796-1860	Pag. 53
Tavole Uniformologiche 3a parte - figurini contemporanei	Pag. 73

BIBLIOGRAFIA ESSENZIALE:

-Cronaca di Modena dell'Abate Rovatti Modena 1796-1801.
-Esercito e società nell'Italia napoleonica . Franco della Peruta, Milano 1988.
-Sulla milizia Cisalpina Italiana di Alessandro Zanoli, Milano 1845.
-Il Tricolore Italiano di Enrico Ghisi, Milano 1931.
-Storia delle armi italiane dal 1796 al 1814 di Felice Turotti, Milano 1855.
-L'esercito del regno Italico di S.Ales, Intergest 1974.
-Napoleone in Italia soldati e uniformi. Rivista militare europea , Roma 1987.
-L'esercito del regno Italico su tre volumi - Cristinie Aimaretti Soldiershop Bergamo 2014.
-Esercito e società nell'Italia napoleonica, Electa 1989.
-Bicentenario del tricolore nazionale, Imola 1997.
-La fanteria della Guardia reale Italiana di Napoleone Bonaparte 1805-14, Ed. Ibis Udine
-Le campagne del Friuli 1809-1813. Da Eserciti e Armi, Interconair Genova 1978.
-Gli eserciti Italiani. Istituto geografico De Agostini. Rivista Militare Roma 1984.
-I soldati del primo tricolore italiano di Valerio Gibellini. Rivista Militare, Roma 1989.
-La Guardia di Napoleone re d'Italia di E.Pigni. Vita e pensiero 2001.
-Concisi ricordi di un soldato napoleonico italiano di C. De Laugier, Einaudi 1942.
-L'Italia di napoleone dalla Cisalpina al Regno di Carlo Zaghi, Utet 1986.
-La cavalleria di linea italica 1796-1814 Galliani, Parisini, Rocchiero , Interconair 1970.
-Gli italiani nelle armate napoleoniche di A.Bollati, Bologna 1938.
-Fasti e divise degli eserciti italiani di Napoleone di A.Degai in esercito e nazione 1932.
-Storia delle armi italiane dal 1796 al 1814 di F.Turotti Milano 1856.
-Quadro delle milizie italiche che guerreggiarono sotto Napoleone di N.Brancaccio, 1909.
-Gli italiani in Russia nel 1812 di G.Capello, 1912.
-Episodi della guerra combattuta dagli italiani in Spagna di A.Lissoni
-Gli italiani nella guerra di Russia 1812 di G.Guerrini, Milano 1913.
-Gli italiani in Germania nel 1813 di G.Guerrini, Milano 1913.
-Gli italiani in Illiria e nella Venezia nel 1813-14 di G.Guerrini, Milano 1913.
-Vite dei primari generali ed uff. italiani, nelle Guerre napoleoniche. Di G.Lombroso, 1843.
-Partire partirò, partir bisogna. Firenze e la toscana nelle campagne nap. vari autori 2009.

QUADERNI CENNI

Prestigiosa serie di 20 volumi per veri collezionisti; basata sulle prestigiose immagini realizzate nell'arco di una vita dal più grande pittore militare e uniformologo Quinto Cenni. Questi quaderni spaziano a gran parte degli stati pre-unitari italiani e non solo. Libri realizzati nel formato 20,5 x 25,5 composti da 100/150 pagine a colori e le tavole a piena pagina ed un prologo a commento delle uniformi trattate e della vita di Quinto Cenni. La serie si completerà nel corso del 2016.

www.ingramcontent.com/pod-product-compliance
Lightning Source LLC
Chambersburg PA
CBHW041517220426
43668CB00003B/43